AF267288

ACTUALITÉ PATRIOTIQUE

# CE QUE NOUS SOMMES

ET

## CE QUE NOUS DEVONS ÊTRE

PAR

UN PROFESSEUR DE L'UNIVERSITÉ

Prix : 80 c.

(Remises en nombre)



EN VENTE :

CHEZ M. TOURNEMIRE, ÉDITEUR A SEYCHALLES (PUY-DE-DOME

ET CHEZ LES LIBRAIRES

1871

I

Après tant de désastres accumulés sur notre pays, naguère encore si prospère, on se demande si la France d'aujourd'hui peut raisonnablement aspirer à redevenir la France d'autrefois. Vaincue sur les champs de bataille, ruinée par l'invasion étrangère, noyée dans le sang de ses propres enfants, qu'une bande de scélérats a fait s'entr'égorger dans la plus affreuse des guerres civiles, ne ressemble-t-elle pas au moribond que l'on compte encore parmi les vivants, mais qui est pourtant plus voisin de la mort que de la vie? Car ce serait une folie que de ne pas l'avouer; nous qui, il y a un an à peine, nous vantions d'être le premier peuple du monde et d'imposer des lois à toute l'Europe, nous sommes descendus au rang de puissance de second ordre; l'état de nos finances, auxquelles les gaspillages de l'empire avaient déjà porté une si rude atteinte, vient de s'aggraver par suite de la dette énorme que nous a imposée un impitoyable vainqueur; notre organisation militaire, insuffisante ou mauvaise, est entièrement à refaire. Voilà la situation vraie de notre pays : elle est difficile, mais elle n'est pas désespérée. Avec de la fermeté et de la persévérance, la France peut encore se relever, redevenir l'appui des faibles et l'effroi de ses ennemis, mais à la condition de couper le mal dans sa racine, partout où elle le rencontrera, et d'adopter franchement les réformes nécessaires, quelque douloureuses qu'elles puissent être. Car, si elle s'obstinait à continuer le système de décadence qui l'a précipitée dans l'abîme, sa ruine ne tarderait pas à être complète ; avant vingt ans elle serait devenue la proie de l'Allemagne, qui n'est peut-être pas éloignée, à l'heure qu'il est, de rêver l'empire du monde. Ne soyons pas assez naïfs, en effet, pour croire que M. de Bismark, ce ministre aussi actif qu'astucieux, va se reposer sur ses lauriers, et se contentera du lambeau de territoire qu'il nous a enlevé par surprise : ce n'est là que le prélude de conquêtes bien plus considérables qu'il médite, et qu'il réalisera infailliblement, si nous ne nous tenons sur nos gardes.

Il est, je crois, inutile de prouver le vice d'un système qui nous a perdus, et d'insister sur la nécessité d'entrer au plus vite dans une voie nouvelle : on ne démontre pas la lumière du jour, on la constate. Remonter à l'origine de nos maux, en sonder toute la profondeur, en chercher le remède, voilà le but que se propose l'auteur de cette brochure. On se récriera sans doute sur la nouveauté des mesures qu'il va proposer ; tant mieux : c'est qu'il aura bien mis le doigt sur la plaie. Point de demi-moyens ; les circonstances sont assez graves pour que nous rompions sans marchander avec nos vices les plus chéris ; et, puisqu'il ne s'agit de rien moins aujourd'hui que d'*être* ou de *ne pas être*, coupons, retranchons hardiment tout ce qu'il y a en nous d'impur et de gangrené.

II

C'est une opinion accréditée qu'un temps viendra où la guerre n'existera plus ; où les différends des peuples seront vidés par un tribunal suprême, aux décisions duquel tout le monde se rendra. Il me semble que cette espérance ne sera pas remplie, et que le droit de la force continuera longtemps encore à décider de la destinée des nations.

« Mais, dira-t-on, avec les redoutables engins que l'on possède déjà, et avec ceux que l'on ne manquera pas d'inventer encore, la guerre deviendra impossible, car, en un jour, deux armées placées en présence se seraient mutuellement anéanties. »

J'avoue que le temps des longues expéditions militaires est passé. On les terminera prochainement en deux mois ; plus tard, en huit jours ; plus tard, enfin, il suffira d'une bataille, voilà tout.

Il me semble donc (puissent mes prévisions ne pas se réaliser !) que la guerre, innée dans le cœur de l'homme, subsistera toujours. Pour la rendre impossible, il faudrait changer notre nature, rendre tous nos caractères semblables, nous dépouiller de ce hideux égoïsme qui paralyse en nous les sentiments généreux ; détruire nos passions, ambition, désir de gloire, fanatisme religieux, soif de vengeance et mille autres serpents dont le venin empoisonne notre cœur. Quoi ? deux frères, nés du même sang, nourris du même lait, unis par les mêmes intérêts, ne peuvent s'accorder, deviennent ennemis ; et vous ferez que deux étrangers qui ne sont attachés l'un à l'autre ni par les liens de la famille, ni par la communauté des intérêts, sympathisent ensemble ? On ne réussit pas toujours, malgré des précautions et des efforts inouïs (nous venons d'en faire la cruelle expérience) à brider les partis d'un même pays, à empêcher des compatriotes, des frères, de s'entr'égorger dans les guerres civiles ; que sera-ce quand il s'agira de conserver la paix entre deux nations qui se détestent ?

Les États-Unis ont fait dans la civilisation des progrès qui ne sont niés par personne : en moins d'un siècle ils sont devenus l'un des peuples les plus redoutables du monde ; leur marine, leur constitution civile et militaire pourraient servir de modèle aux nations les plus vieilles et les mieux organisées de l'Europe ; et pourtant nous les avons vus naguère verser des flots de sang dans une lutte fratricide.

Il est, je crois, aussi impossible de rapprocher les races que d'allier l'eau avec le feu. Ce qui rapproche deux êtres, c'est la conformité des idées, du caractère. Mais comment ferez-vous que l'Anglais, froid, lent, calculateur, s'entende parfaitement avec l'Espagnol, au naturel fougueux et mobile ? Commencez d'abord par transformer la nature de l'humanité, et vous parviendrez à en unir les membres.

On se flatte encore que, grâce à la philanthropie et à la philosophie, les peuples, comprenant mieux leurs vrais besoins, ne voudront plus se battre pour un seul homme, verser leur sang le plus pur pour de simples questions d'amour-propre, qu'ils se feront entre eux de mutuelles concessions, sauront sacrifier leurs intérêts particuliers à l'intérêt général. Oh ! que c'est mal comprendre le caractère de l'homme ! Il y a en nous un défaut vivace que rien ne peut détruire, ni religion, ni philosophie, parce qu'il forme, pour ainsi dire, l'essence de notre être : c'est l'égoïsme. Mettons la main sur la conscience et avouons tout bas que ces grands actes de désintéressement qu'on est parfois tenté d'admirer en nous, que les sacrifices les plus pénibles que nous nous imposons, ont leur point de départ dans l'égoïsme, et que, quand nous semblons nous effacer nous-mêmes et travailler uniquement pour les autres, c'est encore nous que nous avons en vue. Nous donnons beaucoup, mais à la condition de recevoir davantage. Je vous dirai donc : « Détruisez l'égoïsme, et vous aurez rendu la guerre impossible. »

Mais toutes les fois que, pour obéir à cet instinct plus fort, hélas ! que sa volonté, un homme voudra s'agrandir aux dépens de son voisin, s'il ne peut y arriver par le droit, il emploiera la force brutale.


## III


Voilà ce qui me fait croire que la guerre existera toujours entre les peuples. Nos plénipotentiaires viennent de signer la paix ; de nouvelles relations sont établies entre les gouvernements des deux pays occupés, hier encore, à s'exterminer ; un voile a été jeté sur les horreurs de la dernière guerre, et tout est dit ; mais ce qui restera profondément gravé dans la mémoire des individus, ce sont les malheurs de toute sorte dont ils ont été victimes. Allez prêcher l'oubli du passé à ces infortunés qui ont assisté impuissants à leur ruine, à leur déshonneur, au massacre de leurs femmes et de leurs enfants, à l'incendie de leurs maisons, au pillage de leurs biens. Chez eux vivra un sentiment profond, qui ne s'éteindra qu'avec la vie : la soif de la vengeance. Il est des choses que l'homme ne pardonne jamais, parce qu'il lui est impossible d'en perdre jamais le souvenir ; et s'il meurt avant d'avoir vu se lever le jour des représailles, ses enfants recueillent sa haine comme un héritage sacré.

Qu'une nouvelle guerre soit bientôt déclarée, et vous verrez les vaincus d'hier relever la tête, voler avec ardeur au combat, et mourir contents si leurs baïonnettes se rougissent du sang ennemi. Tant qu'un cœur battra dans toutes nos provinces envahies, ce sera pour haïr l'insolent vainqueur allemand; càr celui qui vous abreuve d'amertume peut vous plier sous son joug, mais non vous empêcher de le maudire. Le temps est un grand démolisseur qui détruit les choses les plus solides et les plus durables; il en est une pourtant qui échappe à son action : c'est ce besoin de vengeance que l'homme nourrit contre celui qui l'a outragé dans ce qu'il a de plus cher. Longtemps, au foyer domestique, dans les contrées ruinées par l'invasion, le père racontera à ses fils indignés les horreurs dont il aura été témoin, et l'enfant à la mamelle sucera avec le lait de sa mère la haine de l'étranger. Oh! l'on ne ferme pas en quelques jours des blessures si profondes, il faut pour cela des années, des siècles entiers.

Maintenant que la guerre est terminée, tenons-nous sur nos gardes comme si nous devions la recommencer bientôt. Ne nous endormons pas sur la foi des traités (l'histoire nous apprend comment on les respecte depuis un siècle); ne négligeons rien pour réparer les fautes qui ont été commises au début de cette malheureuse campagne; que nos désastres aient au moins l'avantage de nous éclairer sur notre déplorable légèreté et de nous engager à la prudence.

L'expérience a démontré que c'est à son excellente artillerie que l'ennemi doit en grande partie ses succès; que la nôtre devienne donc égale et même supérieure à la sienne.

Enfin, il faut bien l'avouer, quoiqu'il en coûte, l'armée n'a qu'une voix pour proclamer qu'elle était commandée au commencement de la guerre par trop de chefs incapables, et l'on imagine aisément tous les désordres qu'a dû entraîner cette seule croyance, lors même qu'on ne la supposerait pas fondée. Quand nos soldats ont confiance dans leurs généraux, ils se battent avec une bravoure, un entrain admirable, qui est la meilleure garantie du succès; mais s'ils croient, à tort ou à raison, être mal dirigés, le découragement les gagne, et la moindre résistance suffit pour les mettre en déroute. Que l'administration militaire y prenne donc garde: qu'elle se montre plus difficile pour la collation des grades. Dans le système actuel, l'avancement a lieu ordinairement par rang d'ancienneté; il en résulte que des officiers d'un mérite réel sont condamnés à rester longtemps dans les grades inférieurs, et à attendre, pour avancer, que tous leurs supérieurs hiérarchiques aient avancé eux-mêmes. Il faudrait que tout candidat, avant d'obtenir un grade plus élevé que celui qu'il occupe, fût soumis à un examen spécial très-sérieux, dont la difficulté aurait au moins l'avantage d'exclure les incapables.

Cette mesure juste et libérale devrait s'étendre à tout le corps militaire, au simple soldat comme au général de division. On dit bien que chaque conscrit porte dans sa giberne son bâton de maréchal, mais ce n'est là qu'une belle parole. Si on lui reconnaît une aptitude particulière, il arrivera jusqu'au grade de sergent-major, mais là se dressera un obstacle contre lequel se briseront tous ses efforts, ou qu'il ne pourra surmonter que par un sacrifice de temps considérable. Il me semble qu'il y aurait sur ce point une bonne réforme à faire. Du reste, nous n'aurions qu'à suivre l'exemple qui nous a été tracé par notre révolution. A cette époque la plupart des plus célèbres généraux, enfants du peuple, partis des rangs les moins élevés de la Société, avaient commencé par servir comme simples soldats et avaient conquis tous leurs grades par leur mérite et leur bravoure.

On a prétendu que les officiers allemands connaissent mieux que les nôtres, non-seulement la géographie générale, mais encore la géographie détaillée de notre pays. Je ne sais si cette opinion est fondée ; mais les inconcevables surprises dont nos armées ont été si souvent victimes seraient bien de nature à y faire croire. Or, cette ignorance, si elle existe, tient à une cause qu'il est facile de préciser.

Il y a une branche de nos études pour laquelle on professe généralement le plus profond mépris, que l'on relègue au dernier rang, parce qu'elle n'offre presque aucun attrait : c'est la géographie. Afin de ne pas passer pour un ignorant insigne, on tient à honneur de savoir les noms des capitales de l'Europe, des chefs-lieux des départements de la France ; on daigne même apprendre les noms des sous-préfectures ; mais là se dresse la borne qu'on regarde presque comme de son honneur de ne point dépasser. Pourtant, à notre époqne, cette étude, chez un soldat, devrait peut-être primer toutes les autres. Il est de la plus grande importance de connaître parfaitement le terrain sur lequel on est appelé à livrer une bataille, car le moindre fourré, le plus petit buisson peuvent cacher une batterie de canons ou de mitrailleuses, qui suffisent à mettre le désordre dans toute une armée, avant qu'elle ait eu le temps de se disposer à la résistance. Il faut donc rendre à cette partie des études classiques, si peu attrayante, mais si nécessaire, le rang qu'elle mérite. Rien de plus aride, sans doute, que cette nomenclature de noms propres difficiles à retenir, parce que rien ne les relie entre eux ; en revanche, point de science qui soit plus utile à un soldat et à un marin. Il est vrai que la géographie est inscrite dans nos programmes d'instruction publique, mais avouons que professeurs et élèves mettent le même empressement, les premiers à l'enseigner, les seconds à l'apprendre, comme on dit vulgairement, par-dessous la jambe.

On l'a dit bien des fois déjà depuis un an : c'est par la science que nous sommes battus ; c'est à cause d'elle que cette fameuse *furia francese* est devenue désormais presque inutile. La guerre n'est plus simplement une série de hasards, la victoire une question de bravoure et d'audace ; et bien insensé serait celui qui rêverait de renouveler les exploits homériques d'Achille, de Roland et de Bayard : c'est le calcul qui fait tout. Jadis un guerrier, en luttant vaillamment, pouvait écraser dix adversaires ; mais aujourd'hui ce sont les machines, non les hommes qui combattent. Or, une machine en vaut une autre, qui lui est égale. L'avantage sera donc, matériellement, nécessairement acquis à celui des deux belligérants qui, dans un temps donné, fera vomir sur l'autre le plus de mitraille et à une plus grande distance. A l'œuvre donc, génies infatigables, qui arrachez un à un ses secrets à la nature : trouvez le moyen de mettre en une heure deux cent mille hommes par terre, et vous aurez bien mérité de cette portion de l'humanité que vous appelez votre patrie. C'est un travail lugubre, mais hélas ! nécessaire si l'on s'appuie sur ce principe qu'il vaut mieux tuer son voisin que de se laisser tuer par lui.

## IV

On dit que la France est le pays le plus civilisé du monde. Je le crois sans peine, car la civilisation c'est l'application des droits et des devoirs de l'humanité : une liberté raisonnable, une égalité reconnue et protégée par de fortes institutions, une tolérance fondée sur le droit des gens, enfin une générosité fraternelle à l'égard de tous ; et nous pouvons sans forfanterie, nous rendre cette justice qu'aucun peuple ne les pratique mieux que nous.

Mais il est une autre genre de civilisation, qu'on devrait plutôt traiter du nom de décadence, et qui est préconisé par certains esprits. Depuis quelque temps nous poursuivons avec acharnement la réalisation d'un bien-être, d'une mollesse et d'un luxe jusqu'alors inconnus. Ce qui était le superflu autrefois est devenu, de nos jours, partie essentielle de notre existence. Il est bien loin ce temps du roi Henri IV, qui désirait que le plus humble de ses sujets pût mettre la *poule au pot* le dimanche ; et maintenant l'on étonnerait prodigieusement le moindre citoyen à qui l'on ferait entrevoir cette légendaire poule au pot, comme l'idéal de la bonne chère et la récompense d'un rude labeur de huit jours. Je ne me plains pas, assurément, de la réforme opérée dans notre cuisine depuis Henri IV, car nos estomacs délabrés ont besoin d'une nourriture fortifiante ; mais, à côté de ce qui est utile est venu se glisser un excès, un raffinement qui croît en proportion de l'aisance publique. Nous ne nous refusons plus rien : nos fantaisies sont devenues des besoins dont il ne nous sera pas aussi facile qu'on le pense de nous débarrasser.

Il est inutile d'entrer ici dans les détails ; mais celui qui a déjà vécu un demi-siècle, avouera qu'une transformation complète de notre genre de vie s'est accomplie sous ses yeux. Or, ce que l'on prodigue au corps, on l'enlève à la vigueur de l'esprit. Croit-on que l'homme habitué aux jouissances de la matière en fait, de gaieté de cœur, l'abandon quand on réclame son secours pour la défense de la patrie ? On ne se résout pas aisément à un aussi grand sacrifice que celui de sa vie, quand on n'y a pas été préparé à l'avance par d'autres sacrifices plus légers. Un citoyen auquel chaque jour apporte travail et fatigue, qui n'a rien à perdre ou à gagner, qui est familiarisé avec les difficultés de l'existence, volera bien plus volontiers au champ de bataille que le riche, qui y traîne avec lui le souvenir de ses délices passées et la pensée d'en être sevré peut-être pour toujours. Ce hideux commerce d'hommes qui prend chez nous une extension considérable au jour du danger ne nous fait-il pas mettre le doigt sur la plaie que je signale ? Quels sacrifices d'argent ne fait-on pas alors pour sauvegarder une existence souvent oiseuse et inutile à la société ? Qu'on y pense bien : c'est dans les privations, non dans l'abondance, qu'on retrempe sa vigueur physique et morale.


## V


Un autre signe de décadence, c'est ce goût du luxe qui s'affiche partout, à la campagne comme à la ville. On veut briller, attirer à tout prix l'attention. Tel, qui est nul au point de vue de l'intelligence, voudra au moins faire parler de lui pour son exactitude ponctuelle à se conformer aux bizarreries de la mode, se mettra en colère contre son tailleur pour le moindre défaut qu'il aura remarqué dans ses habits, et, la canne à la main, frisant avec importance sa naissante moustache, aspirant délicatement une bouffée de tabac, toisant avec dédain de la tête aux pieds le pauvre diable qui passe à côté de lui, vêtu d'un costume moins élégant, ira des heures entières promener sa nullité sur une place publique. Triste génération que celle dont la plus pressante occupation consiste à se mettre au niveau des exigences de la mode ! De quel dévouement sera-t-elle capable le jour où la patrie aura besoin d'elle ? Habituée aux futilités, elle ne pourra plus se faire aux choses sérieuses quand le moment en sera venu.

Je crois qu'il y a là un danger pour l'avenir de la France. Sous des dehors brillants, qui pourraient faire croire à notre marche progressive, nous voilons le germe d'un relâchement qui nous conduira à la ruine, si nous n'y coupons court, et promptement.


## VI


Il y encore un mal qui mine notre société : je veux parler de la licence effrénée des mœurs. Jamais la débauche ne s'est affichée avec tant d'impudence, jamais la morale n'a été outragée avec tant de cynisme que dans notre siècle. On a constaté un sensible abaissement du chiffre de notre population, l'abâtardissement de notre race, le peu d'empressement que met la jeunesse à contracter mariage : faut-il en chercher l'explication ailleurs que dans le dévergondage qui s'offre avec tant de complaisance à tous, au riche comme à l'indigent ? En laissant de côté toute considération de religion et de morale, il est certain que l'homme qui aura sous la main mille moyens de satisfaire ses passions à peu de frais, sans s'engager dans des liens indissolubles, préfèrera un genre de vie si commode et si conforme à ses intérêts matériels. Car il est certain qu'à côté des jouissances intimes et pures que procure le mariage, il crée pour ceux qui le contractent des sacrifices pénibles et lourds qui s'accordent mal avec notre égoïsme, notre frivolité et notre vif amour de l'indépendance. Combien à Paris, par exemple, de pauvres ouvriers, d'employés maigrement payés, d'ouvrières trouvant à peine dans leur salaire quotidien de quoi pourvoir aux frais de leur subsistance, vivent en état de concubinage pour réduire de moitié les dépenses d'un ménage et le loyer d'un appartement ! Puis, cet amour effréné du luxe auquel on ne peut faire face qu'en se livrant au riche capable de le payer, voilà encore une des causes de cette débauche qui en est la conséquence forcée.

Jusque-là pourtant le vice peut recevoir une explication, j'allais presque dire une excuse : la faiblesse du caractère, l'indigence, la soif de paraître ont été le principe de bien des chutes ; mais comment admettre l'existence de ces ignobles maisons tolérées, patentées par l'Etat, où une jeunesse vigoureuse va consumer ses forces et son argent ?

On m'objectera que ces maisons sont nécessaires ; que sans ces malheureuses créatures qui se prostituent à nos plaisirs, nos mères, nos femmes, nos sœurs seraient insultées dans la rue.

Eh quoi ? la loi ne serait-elle pas là, armée de son glaive, pour réprimer les abus de cette sorte qui pourraient se produire ? Qu'on le sache bien : si nos institutions infligeaient des châtiments sévères à celui qui outragerait ainsi la morale publique, nos jeunes gens dissolus y regarderaient à deux fois avant de s'exposer à une répression qui les couvrirait de honte auprès de leurs concitoyens ; ils ne dépenseraient pas ainsi gratuitement leur santé, leur vie ; ils se marieraient plus tôt ; le niveau de la population monterait considérablement, et nous n'aurions pas sous les yeux le spectacle d'une génération énervée.

On dira peut-être que la licence est si générale, qu'il y aurait presque danger à tenter de lui opposer une digue. Ce serait avouer indirectement que ce n'est plus la nation qui obéit à la loi, mais la loi qui obéit à la nation. Or, il faut que la loi fasse plier sous elle tout le monde, car le jour où elle ne serait plus respectée verrait achever notre ruine.

La violation de la loi et l'impunité du coupable, tels sont les signes les plus évidents de la chute des Etats. L'histoire nous apprend que partout, tant qu'une nation reste fidèle à ses institutions, elle grandit, mais qu'elle s'écroule quand elle ne les observe plus. Tant que la Grèce ne transgressa pas les lois de Lycurgue et de Solon, elle fut florissante et put rejeter hors de son petit territoire les monstrueuses invasions de Darius et de Xerxès ; mais, quand à l'antique austérité eurent succédé le relâchement et la licence, son courage guerrier s'évanouit et elle se laissa presque sans résistance imposer le joug des Romains. L'abus de la matière rapetisse l'esprit et le rend incapable de grandes choses. Il est bien difficile au jeune homme déjà gorgé de plaisirs, et à qui l'avenir en promet de nouveaux, de les échanger contre l'amour sacré de la patrie, qui trop souvent n'est pour lui qu'un vain mot. Que lui importe, en effet, que le sol de cette patrie soit foulé par l'étranger, si, en changeant de gouvernement, il ne change pas de genre de vie ? Qu'importe à l'esclave de passer d'un maître à un autre, s'il est toujours condamné à servir ?

Ainsi finissons-en avec cette déplorable tolérance des mauvaises passions qui, en énervant notre génération, étouffent peu à peu en elle les bons sentiments et font baisser chaque année le chiffre de la population. Que des institutions sévères nous délivrent de ces maisons infâmes qui font monter la rougeur au front de nos mères, de nos femmes et de nos filles ; qu'elles se montrent résolument impitoyables envers ceux qui tenteraient de les braver, et notre pays, au lieu de s'abîmer dans une ruine inévitable, reprendra sa marche en avant.

Je sais qu'une tactique machiavélique s'ingéniait naguère à gorger les citoyens de biens et de plaisirs, pour les amollir et les rendre plus propres à se courber sous le joug ; mais c'est une politique détestable que l'on ne saurait appliquer plus longtemps envers notre généreuse nation. « Du pain et des spectacles ! » criaient à Néron les Romains dégradés ; et c'est en flattant leurs grossiers instincts que le plus odieux des tyrans fut peut-être de tous les empereurs le plus cher au peuple-roi.

Cette populace corrompue en était venue à un tel degré d'abaissement que les gladiateurs, au moment de verser leur sang pour son amusement, allaient se courber devant l'empereur et prononçaient ces paroles vraiment dignes d'un peuple d'esclaves : *Cæsar, morituri te salutant ! — César, ceux qui vont mourir te saluent.* » Aussi, voyez comme l'empire romain, qui au commencement du IVe siècle comptait plus de cent millions d'habitants, s'est écroulé à l'apparition de quelques hordes barbares venues du Nord. Ce n'est pas, certes, les bras qui manquaient pour sa défense ; mais depuis longtemps il n'était plus qu'un cadavre vermoulu sur lequel il a suffi de souffler pour le réduire en poussière. Dieu merci ! nous n'en sommes pas rendus là ; la vie circule encore en nous ; il coule encore du sang dans nos veines : pourtant, il faut reconnaître que la décadence est déjà chez nous, décadence dans les lettres, dans les arts, dans les mœurs, dans les forces physiques. Mais la grande épreuve que nous avons traversée nous ouvrira les yeux et nous arrêtera sur la pente où nous glissons.

## VII

Je n'ai pas qualité sans doute pour apprécier comme il conviendrait notre organisation militaire ; néanmoins je soumettrai à mes lecteurs et aux hommes du métier quelques considérations que la logique des faits m'a suggérées.

Notre système actuel, tel qu'il existe depuis la loi de 1868, réalise déjà des réformes incontestables : il réduit à cinq ans au lieu de sept, la durée du service actif, et met pendant quatre ans encore les soldats libérés à la disposition du ministre de la guerre : ce qui allège considérablement notre budget et nous permet d'augmenter de deux neuvièmes notre effectif de guerre.

Je dis que c'est là une réforme sérieuse, car je crois que l'ancien système était pernicieux sous tous les rapports.

Pour nos finances d'abord. Le budget de la guerre absorbant le tiers des ressources du pays, on avait à enregistrer chaque année un déficit énorme qu'on ne pouvait jamais combler, et l'on rendait impossibles d'autres réformes très-importantes, telles que l'organisation plus libérale et plus complète de l'instruction publique; l'extension de notre armement et de notre marine, le développement de nos colonies, de l'Algérie surtout, destinée à être un jour le grenier de la France; enfin l'amortissement de nos dettes qui deviennent de plus en plus lourdes.

L'ancien système était encore très-préjudiciable aux soldats eux-mêmes. Condamnés à perdre leur temps (car on ne fera jamais croire à personne qu'il faut sept ans au Français pour apprendre à faire l'exercice), ils s'habituaient à la paresse, et, quand ils rentraient dans leurs foyers, au lieu de retourner à leur charrue, à leurs anciens métiers, ils n'aspiraient qu'à continuer leur existence oisive de garnison, et l'Etat se trouvait obsédé de demandes de toute nature, débits de tabac, emplois de gardes-champêtres, de facteurs ruraux, etc. Ils regrettaient presque tous leur caserne, car, en retour d'un service peu pénible, le pays leur assurait leur subsistance, et ils pouvaient durant presque tout le jour se croiser les bras, fréquenter les cabarets, regarder les devantures des magasins et se livrer à la débauche. On créait ainsi un grand dommage pour l'industrie et pour l'agriculture. Ce manque de bras dont on s'est tant plaint dans ces derniers temps, ne trouverait-il pas là sa principale explication ?

Autre inconvénient non moins grave. On faisait annuellement une levée de cent mille hommes, et cent cinquante mille au moins, grâce à leurs bons numéros ou aux exemptions spéciales prévues par la loi, étaient dispensés du service militaire. Outre qu'il paraît inique de faire peser sur une partie des citoyens une charge dont l'autre est exemptée, quand nos institutions veulent pour tous une égalité parfaite, le pays se prive ainsi du concours des trois cinquièmes de sa jeune population, incapables de le servir efficacement au jour du danger. Car on a beau dire, on n'improvise pas des soldats du jour au lendemain. Je reconnais qu'il est des circonstances solennelles où l'on grandit en proportion des obstacles et où l'on ne recule devant rien, pas même devant le sacrifice de sa vie; mais il est dangereux de compter sur l'imprévu pour sortir d'une position critique. Sans doute, nous sommes braves, personne ne songe à nous le contester; pourtant cela ne suffit pas. S'il faut de l'élan, de la bravoure sur un champ de bataille, il faut aussi une certaine connaissance de l'art militaire : ce qui ne s'acquiert qu'avec le temps.

Mais n'adressons pas au passé des plaintes inutiles ; tournons plutôt nos regards vers l'avenir qu'il est de notre devoir de rendre prospère. C'est au jour de l'abaissement qu'on reconnaît les fautes commises et qu'on est le mieux disposé à prendre ses mesures pour en prévenir le retour.

Je voudrais donc que tout citoyen fût soldat. Point de distinction de castes ou de fortunes : chacun se doit à son pays. Quoi ! parce que le hasard m'aura fait naître de parents riches qui, sans porter atteinte à leur fortune, pourront sacrifier pour moi quelques milliers de francs, je serais dispensé de jouer ma vie pour le salut de la France, pendant que mon voisin, moins favorisé que moi, sera obligé de payer de sa personne et de s'exposer au feu de l'ennemi ! Point de milieu, il faut n'appeler personne sous les drapeaux, ou se résoudre à y appeler tout le monde. Dans la première hypothèse, que je repousse au nom de l'honneur de la France, nous aurions des mercenaires qui feraient du service militaire un métier ; dans la seconde, nous aurions une armée patriotique qui accomplirait un devoir sacré.

Si l'on adopte ce principe de l'obligation du service militaire pour tout le monde, il faudra nécessairement en limiter la durée. Or, mon opinion est qu'en deux ans, si l'on se conforme à la mesure suivante, on en apprendra autant qu'autrefois en sept. Il ne s'agit pour cela que de tripler la durée du temps à consacrer aux exercices. Et que l'on ne prétende pas que ce serait se montrer trop exigeant. L'armée est presque entièrement formée de jeunes agriculteurs et ouvriers accoutumés à un travail pénible et continu, depuis l'aube jusqu'au coucher du soleil ; ce ne serait donc pas exagéré que de les astreindre à faire l'exercice pendant six heures du jour. Et soyons assurés qu'avec ce régime ils se trouveraient encore moins fatigués que quand ils rentraient, le soir, au foyer domestique, après avoir été courbés durant toute la journée sur leur charrue ou sur leurs outils d'atelier. Du reste, je ne sache pas qu'on soit soldat pour avoir toutes ses aises. Nous n'avons qu'à ouvrir l'histoire pour nous convaincre que partout et en tout temps la vie militaire a été rude, toute remplie de dangers et de privations, et que les meilleurs combattants ont toujours été ceux qui s'étaient montrés les plus rigoureux pour leur corps.

Vous diminuerez ainsi pour les citoyens la charge du service militaire, en le réduisant à deux ans ; de plus, en entretenant parmi les soldats une activité constante, vous ne leur ferez pas perdre le goût du travail ; ils retourneront avec joie, après avoir consacré ces deux années au pays, qui à l'agriculture, qui à l'atelier, qui au commerce, qui aux professions libérales, et vous aurez des hommes instruits et disciplinés dont vous pourrez vous servir quand vous en aurez besoin. J'avoue qu'ils auront moins le loisir de se livrer à de pernicieuses lectures, de fréquenter les cabarets et les mauvais lieux, de contracter dans les grands centres où ils tiennent garnison des habitudes de débauche qu'ils font ensuite refluer sur les campagnes ; mais quel mal y aura-t-il à cela ? Quant aux officiers, obligés de se consacrer plus exclusivement à leur instruction, ils n'offriront plus le désolant spectacle de gens oisifs, passant dans les cafés les trois quarts de leur existence, et perdant par leur oisiveté le peu de connaissances militaires qu'ils ont pu acquérir dans les écoles.

« Nos officiers sont braves, me dira-t-on ; ce sont des lions sur le champ de bataille. »

J'en demeure parfaitement d'accord ; malheureusement le temps des exploits chevaleresques est passé. La perfection de nos engins ne sait guère distinguer entre le brave et le lâche : le premier souvent succombe pendant que le second reste debout. Ce serait donc une illusion dangereuse que de fonder nos espérances sur cette antique bravoure qui, il y a encore dix ans, nous faisait faire des prodiges et nous gagnait des batailles. Que feraient maintenant Du Guesclin, Bayard, et tant d'autres héros si justement vantés dans notre histoire, s'ils se trouvaient en face d'un chassepot ou d'une mitrailleuse ?

Ce qu'il faut surtout à notre époque pour remporter la victoire, c'est une grande science stratégique unie à une forte discipline. Pensons-y, et comprenons enfin qu'il faut à la tête de nos armées, non de jeunes dandys, mais des chefs sérieux.

On a constaté au commencement de la dernière guerre que les officiers prussiens professaient pour nos officiers prisonniers un profond mépris : l'explication en est dans la conscience qu'ils avaient de leur supériorité sur les nôtres. En effet, causerai-je quelque étonnement en avançant que les Allemands connaissaient mieux que nous la topographie de notre propre pays, qu'ils étaient mieux renseignés que nous sur notre armement, sur les ressources de nos places fortes ? Hélas ! il faut bien le dire; nous nous battions sur notre terrain, et c'est nous, Français, qui nous battions sur un terrain inconnu.

Il est temps qu'un pareil état de choses ait un terme, et que nos officiers se mettent sérieusement à l'étude de la science militaire, que beaucoup ignorent. Je sais qu'il est plus pénible de s'astreindre à un travail léger, mais continu, que de déployer une grande bravoure et d'exposer sa vie dans une guerre de quelques mois; notre nature indolente est ainsi faite que nous aimons mieux ne porter qu'un instant un lourd fardeau que de traîner un faible poids pendant longtemps; mais il faut s'y résigner, car le salut de la France l'exige ainsi.

Il résulte donc de ce qui a été dit plus haut que la réduction à deux ou trois années au plus du service militaire aboutira aux mêmes résultats qu'autrefois, et que les citoyens, après avoir été suffisamment exercés au métier des armes, gagneront trois années qu'ils consacreront à l'agriculture, au commerce et à l'industrie. En supposant que chaque levée annuelle se composât, en moyenne, de 250,000 hommes, déduction faite des jeunes gens exemptés en vertu de leur constitution vicieuse, on aurait sur pied, en temps de paix, une armée permanente de 500,000 hommes.

Si cette organisation militaire s'arrêtait là, on pourrait lui reprocher de ne rien changer à notre effectif actuel, qui s'élève officiellement à 500,000 hommes; mais, dans mon intention, le citoyen renvoyé dans ses foyers ne serait pas entièrement quitte envers la nation, il ferait encore partie pendant cinq ans de la *réserve mobile,* qui pourrait toujours être mise à la disposition du ministre de la guerre. Cette réserve serait obligée de se rendre une fois tous les quinze jours, le dimanche, au chef-lieu de chaque canton, pour y faire l'exercice; ce qui, sans lui imposer un sacrifice bien lourd, lui permettrait de conserver son instruction et d'être prête à marcher le jour où l'on aurait besoin d'elle.

Elle se diviserait en deux catégories : la première, composée de soldats libérés depuis moins de trois ans, qui ne pourraient être mobilisés qu'après l'armée active et qui n'obtiendraient l'autorisation de se marier qu'à la condition expresse d'être appelés sous les drapeaux comme les célibataires, en cas d'urgence; la deuxième, comprenant les soldats libérés du service actif depuis trois ans au moins, et qui ne seraient mis sous les drapeaux qu'en troisième ban.

Enfin, après avoir servi sept ans, tant dans l'armée active que dans la réserve mobile, les citoyens feraient partie de la *réserve nationale sédentaire* jusqu'à une limite d'âge indéterminée, et formeraient la suprême ressource dont la nation pourrait disposer dans des circonstances solennelles. Tout le monde serait ainsi soldat, préparé à voler à toute heure sur un champ de bataille, et nous n'aurions plus le spectacle de cette hésitation qui nous a été si funeste au commencement de la dernière guerre. Combien de temps n'a-t-il pas fallu pour instruire (d'une façon incomplète, hélas!) notre pauvre garde nationale mobile, animée d'excellentes intentions, mais incapable de constituer une armée véritable. Pendant que les Prussiens précipitaient la marche des événements, dévastaient nos provinces, déployaient toutes leurs forces pour nous écraser, des instructeurs, dont la place aurait dû être alors sur le champ de bataille, étaient disséminés sur tous les points du territoire pour y faire faire l'exercice aux gardes mobiles. Certes, je ne leur en ferai pas un reproche, car il n'est douteux pour personne qu'ils eussent mieux aimé verser leur sang pour la patrie que de rester paisiblement hors du théâtre de la guerre ; mais on reconnaîtra que leur poste eût dû être alors en face de l'ennemi, et non dans les dépôts.

Je disais plus haut que deux années bien employées suffiraient pour achever l'école du soldat ; je vais maintenant livrer à l'appréciation des gens du métier une idée qui, si elle était applicable, aurait pour avantage d'améliorer la situation de nos finances.

Tout citoyen devrait, en principe, rester un an au moins sous les drapeaux ; si au bout de ce temps il était constaté, après mûr examen, qu'il fût suffisamment instruit, il serait immédiatement renvoyé dans ses foyers et ferait partie de la réserve mobile. Celui dont l'instruction ne serait complète qu'au bout d'un an et demi, serait, à cette époque, libéré du service actif. Que résulterait-il? Une foule de jeunes gens intelligents, cherchant à se créer au plus tôt une position dans la société, s'appliqueraient de toutes leurs forces à acquérir la science nécessaire pour la libération du service actif, et l'Etat y gagnerait avec eux.

L'émulation enfante des merveilles. Le soldat, sachant qu'il sera libéré le jour où il aura donné la preuve d'une instruction suffisante, en apprendra plus en six mois qu'il ne ferait en deux ans, s'il se savait renfermé dans un cercle d'où il ne pourrait sortir. Que lui importe, en effet, de travailler au lieu de rester oisif, s'il est assuré d'avance que toute son application ne l'exemptera pas d'une heure de la durée de son service? En outre, ce mode d'émulation ne donnerait point lieu à la critique, puisque les exemptions seraient accessibles à tous et ne seraient accordées qu'à ceux qui les auraient méritées. Mais en cela, comme je l'ai déjà dit, je ne fais que donner mon appréciation personnelle; c'est aux spécialistes à décider si une pareille innovation offrirait plus d'avantages que d'inconvénients.

Il ne serait peut-être pas non plus sans avantage d'admettre les jeunes gens de 18 à 20 ans à prendre part aux exercices de la garde mobile. Cela n'aurait pour eux rien de gênant et leur rendrait, en outre, l'inappréciable service de les habituer à la discipline et de leur donner du maniement des armes une connaissance sommaire qui leur ferait gagner beaucoup de temps après leur arrivée au corps. Actuellement le conscrit, habitué à une vie indépendante, et jeté, sans transition, sous la férule de l'autorité militaire, a beaucoup de peine à se familiariser avec une existence toute différente de celle qu'il avait menée jusque-là; et, en outre, comme il n'a jamais appris qu'à diriger sa charrue ou qu'à manier son outil, il lui faut beaucoup de temps avant de se rompre aux préliminaires de l'école du soldat.

Une dernière réflexion avant de quitter ce sujet. Je voudrais que la plus grande partie de l'armée active séjournât habituellement dans des camps, loin des villes où elles ne contractent que des habitudes d'ivrognerie et de débauche qui ne manquent pas de produire l'indiscipline, comme on en a eu la preuve il y a quelques mois à peine. Ainsi éloignés de ces centres de corruption, ils resteraient honnêtes et rangés, et l'on aurait, au lieu de soldats amollis, énervés par des abus de toute nature, des hommes vigoureux, endurcis à la misère et capables de supporter les fatigues de la guerre.


## VIII


Si notre nation est la plus vaillante de toutes, il faut aussi reconnaître qu'elle est la plus vaniteuse, la plus insouciante, la plus légère, la plus frivole. Nous avons quinze siècles d'existence et nous sommes encore un peuple enfant. Quand nous nous jetons dans une entreprise sérieuse, nous ne voyons que le but à atteindre et nous négligeons les petits moyens qui pourraient nous être d'un précieux secours. Oh ! que la Prusse nous a donné là-dessus une grande leçon ! On peut dire qu'elle avait tout prévu, tout calculé pour nous vaincre. Rien ne lui avait paru inutile pour assurer le succès d'une entreprise où elle jouait son existence. Elle nous avait entourés d'un réseau inextricable. Ces bandes de musiciens allemands, ces marchands ambulants qui, depuis plusieurs années, sillonnaient le pays en tous sens, étaient presque toujours des espions, des officiers d'état-major, chargés de lever le plan de nos places, de faire une description détaillée des contrées qu'ils traversaient. Et ces domestiques,... ces illustres étrangers à qui nous accordions l'accès de nos camps au temps des grandes manœuvres militaires étaient encore des espions qui étudiaient la manière de nous vaincre et de nous écraser. On sait quelles ont été les conséquences de notre vanité : elle nous a coûté cher.

Je dirai à cet égard la vérité, quelque dure qu'elle puisse être, et l'on s'expliquera sans doute cette incurie inconcevable qui s'est montrée au grand jour chez quelques-uns de nos généraux au début de la guerre avec la Prusse. Pour cela, il convient d'aller chercher le mal dans sa racine, dans notre système même d'éducation.

Un enfant riche, de bonne famille, est placé dans un établissement public pour y faire ses études (les autres en sont moralement exclus) ; les espérances qu'il fonde déjà sur sa fortune à venir, l'orgueil que lui inspire son origine en font ordinairement un élève indiscipliné, paresseux, qui considère le collége comme une horrible prison d'où il doit sortir au plus vite. Dans ces dispositions d'esprit, il apprend quelques bribes de grec et de latin, quelques notions de géométrie, de chimie, d'algèbre, etc.; peu de rhétorique, encore moins de philosophie; en un mot, mille ébauches de choses diverses, chaos confus où s'embrouille son intelligence. Bref, il a *terminé* ses études, et, après examen, on lui délivre un diplôme de bachelier ès-lettres ou de bachelier ès-sciences. Muni de cette pièce tant désirée, l'enfant devenu jeune homme s'imagine tout savoir et se croit dispensé de jamais plus travailler. A dater de ce jour il relègue tous ses livres dans un coin obscur de sa bibliothèque, hante les cafés du matin au soir, joue aux cartes et au billard, fume sapipe et discourt avec volubilité sur les questions les plus ardues de politique et de gouvernement. Causez avec lui d'histoire, de philosophie, de littérature, il vous répondra sur tout avec la plus parfaite assurance, car il est bachelier. Mais priez-le de vous dire, par exemple, quelle a été la politique de notre histoire depuis quinze siècles ; de vous démontrer comment tout s'enchaîne dans la vie des peuples, comment les événements d'une époque sont la conséquence nécessaire d'événements antérieurs, quelle influence un siècle exerce sur un homme et réciproquement, et votre bachelier, si plein de lui-même, pourra se convaincre qu'il ne sait rien.

On ne veut pas convenir qu'un simple diplôme ne peut donner la garantie de connaissances approfondies, et l'on reste ignorant *sans s'en douter,* car rien n'est plus vain et plus aveugle qu'un demi-savant.

« Mais, dira-t-on, vous exagérez : le jeune homme, pourvu de son diplôme de bachelier, peut offrir de sérieuses garanties. »

Sans doute, car les études préparatoires auxquelles se livre l'enfant, ont pour but de lui donner des connaissances générales et de lui faire découvrir la branche pour laquelle la nature l'a rendu le plus apte ; mais elles n'ont nullement la prétention d'en faire un savant. Aussi, quand il a reconnu sa véritable vocation, doit-il mettre de côté tout le reste qui n'est qu'entraves, pour atteindre un but spécial, unique. L'homme étant borné de sa nature, c'est commettre une faute énorme que de vouloir lui faire mener de front plusieurs choses souvent incompatibles. Il ne faut pas courir deux lièvres à la fois, dit un vieux proverbe prfaitement juste.

Les jeunes bacheliers de notre temps sont bien différents de Socrate qui prétendait avoir recueilli des études de sa vie cette conviction, qu'il ne savait rien. Aussi, que leur arrive-t-il dans la suite? Après avoir consumé le temps de leur jeunesse dans l'inaction et les plaisirs, ils encombrent les emplois publics, qu'ils gèrent trop souvent avec légèreté et incapacité, et ils mettent la France dans la situation où nous l'avons vue naguère. Oh! de quels remords doivent-ils être déchirés ceux qui par leur ignorance nous ont précipités dans l'abîme, ceux qui ont reçu notre nation si grande, si forte, si respectée, et qui nous l'ont laissée si humiliée et si petite! Mais ne récriminons pas : l'histoire rendra sur les hommes et les choses un jugement sévère et flétrira les coupables qui nous ont fait tant de mal.

Pour nous, Français, qui ne devons avoir qu'un seul but, celui de relever notre patrie abaissée par la trahison et l'incapacité, songeons que le temps de la légèreté est passé, secouons cette déplorable indolence qui a causé tous nos malheurs, estimons-nous à notre juste valeur, mettons-nous à l'œuvre sans plus tarder, et nous parviendrons à sortir du gouffre où nous sommes tombés. Il faudra du temps, de la persévérance, j'en conviens, mais quel est donc celui qui se laisserait abattre par les difficultés, quand il s'agit de l'honneur de la patrie?

On nous reproche partout notre frivolité : montrons que, quand nous le voulons sérieusement, nous sommes capables de grandes choses, et que la France abattue peut encore se relever.

Travaillez surtout, vous, jeunes gens, dans quelque position que vous vous trouviez, car c'est vous surtout qui pouvez nous assurer un avenir prospère. Des fêtes et des plaisirs? qu'il n'en soit plus question parmi vous, tant que vous n'aurez pas rendu à la patrie sa splendeur passée. La France est féconde en ressources : c'est le pays de l'élan et de l'initiative. Voyez comme nos pères, sous la Révolution, se multipliaient pour faire face à l'Europe entière coalisée, et quels prodiges faisait une poignée de braves aux prises avec des masses incalculables d'ennemis, sans cesse vaincus et sans cesse renaissants. En ce temps-là on aurait dit que les généraux consommés sortaient de dessous terre, et que leur nombre croissait en proportion des périls qui menaçaient la France.

Nous montrerons au monde que nous n'avons pas entièrement dégénéré. Mais, pour détruire le mal, il faut le couper dans sa racine; pour refaire l'homme tout entier, il faut le prendre à son berceau, sur les bancs de l'école. Notre système d'instruction et d'éducation est vicieux en beaucoup de points : il serait donc urgent de le réviser au plus vite; et c'est ici le lieu d'exprimer la vive satisfaction que le corps enseignant a éprouvée en voyant arriver au ministère de l'instruction publique M. Jules Simon, dont l'autorité sur cette matière ne saurait être contestée par personne.

Qu'il nous soit permis pourtant d'émettre un vœu : c'est que le nouveau ministre, tout en restant libéral et progressiste, répudie les doctrines anti-religieuses et anti-sociales, entr'autres le système de la *morale indépendante*. Point de morale sans Dieu.

## IX.

Avant de parler de l'élève, qui a pour tâche d'apprendre, je dirai quelques mots du maître, qui a pour mission d'enseigner. Je commencerai d'abord par les instituteurs, qui donnent l'instruction primaire.

Les jeunes gens qui se destinent à cette fonction sont placés dans des écoles normales où ils ont à parcourir en trois ans un programme très-compliqué, très-varié, qui est au-dessus de leurs forces. Il est impossible, en effet, de faire en ce court espace de temps des cours sérieux et complets de littérature, de langue française, de langues étrangères, de dessin linéaire et d'imitation, d'histoire et de géographie, de sciences exactes, de musique, etc. Fatalement ils ne peuvent arriver à avoir sur toutes ces matières que des notions fort incomplètes. De là une confusion dans l'esprit, qui devient aussi préjudiciable au maître qu'à l'élève.

Je serais donc d'avis qu'on retranchât du programme imposé aux élèves-maîtres des écoles normales certaines matières dont la grande utilité ne serait pas sérieusement établie. Ne perdons pas de vue que les instituteurs ont surtout été créés pour distribuer l'instruction aux enfants des classes peu aisées, destinés à devenir plus tard des agriculteurs ou des artisans. Or, de quelle utilité serait-il pour ces enfants de barbouiller une tête d'un mérite douteux, ou de balbutier quelques mots anglais ou allemands ? Notre but doit être de leur donner une instruction pratique, et non d'en faire autant de peintres et de polyglottes (1).

Une autre innovation me semblerait bien propre à accroître le savoir des futurs instituteurs : il s'agirait de leur donner du latin quelques notions générales. Le français étant une langue néo-latine, ils trouveraient dans cette étude une foule d'éléments précieux qui leur serviraient à expliquer l'origine de beaucoup de mots de notre langue et à les analyser avec intelligence. Deux années y seraient spécialement consacrées, et la durée des cours complets des écoles normales serait de cinq ans au lieu de trois. On pourrait y être admis à quinze ans, et on en sortirait à vingt. Tout le monde y gagnerait : les connaissances des instituteurs primaires seraient plus approfondies et l'instruction qu'ils

---

(1) Evidemment, cette observation ne s'applique qu'à certaines écoles de grandes villes qui franchissent les bornes du programme ordinaire.

donneraient serait plus sérieuse, car il est facile de constater que l'enseignement primaire laisse beaucoup à désirer.

Si, d'un autre côté, vous voulez que l'instituteur prenne goût à ses fonctions, procurez-lui les moyens de vivre honorablement ; payez-le en conséquence, et délivrez-le de ces mille influences qui annihilent son initiative dans les communes. En rémunérant bien ses services, vous pourrez lui interdire cette foule d'occupations secondaires auxquelles il se livre pour gagner sa vie, mais qui souvent le détournent de sa véritable destination. L'instituteur ne doit être le très-humble serviteur de personne ; il faut qu'il reste indépendant dans sa commune et ne s'occupe que de sa classe. Pour cela, payez-le ; car n'est-ce pas une dérision que de ne lui assurer qu'un traitement de 700 francs ? Comment voulez-vous qu'avec une somme si faible il puisse faire face aux besoins de l'existence, surtout s'il est marié et père de famille ? De plus, on ne pourra pas ne pas trouver étonnant qu'un fonctionnaire intelligent, qui a dû, avant d'arriver à son emploi, fournir la preuve de connaissances sérieuses, ne soit pas sensiblement plus rétribué qu'un garde-champêtre ou qu'un facteur rural. Les instituteurs sont au nombre des fonctionnaires les plus utiles de l'État : pourquoi les reléguer aux derniers rangs ? Pourquoi leur donner un traitement si inférieur à l'importance *réelle, incontestable* de leurs fonctions ?

Il est temps enfin qu'on tire de l'obscurité ces pionniers de l'instruction qui distribuent chaque jour le pain de la science aux enfants du peuple, et que ces hommes modestes, voués à une existence des plus pénibles et des plus délicates, soient aussi délivrés du fardeau moral que leur trop grande dépendance dans la commune fait peser sur eux. Rendons-les à eux-mêmes, et nous apprécierons avant peu les éminents services qu'ils sont capables de rendre à la population de nos campagnes, aujoud'hui encore si ignorante.

Il est un but que nous devons atteindre : c'est l'instruction du peuple. Pour cela tous les moyens doivent être employés. Notre éminent ministre de l'instruction publique a longtemps plaidé, sous le gouvernement déchu, cette cause si intéressante ; aussi sa présence aux affaires est-elle pour tous du meilleur augure. Il réclamait la gratuité et l'obligation de l'enseignement primaire. On était généralement d'accord sur le premier point, mais les opinions étaient partagées sur le second. Sans vouloir préjuger si le principe de l'obligation sera adopté ou repoussé, je n'hésiterais pas, dans le cas où il serait rejeté, à refuser le droit d'élection au citoyen illettré qui serait incapable d'écrire lui-même son bulletin de vote. Peut-être cette mesure énergique secouerait-elle l'indolence, l'indifférence ou le mauvais vouloir des citoyens pour l'instruction de leurs enfants. Le suffrage universel, pour être efficace, doit être l'expression intelligente et raisonnée de la pensée de chacun. Or, comment trouver cette garantie dans un citoyen illettré? D'un autre côté n'est-il pas absurde que le vote d'hommes comme M. Thiers ou M. Jules Favre n'ait pas matériellement plus de valeur que celui du citoyen ignorant qu'on mène au scrutin comme un mouton? Détruisons donc une anomalie si criante en décrétant que tout homme qui ne saura ni lire, ni écrire, sera indigne de prendre part à un vote quelconque, et, comme tel, rayé de la liste électorale.

Je dirai aussi quelques mots sur la manière dont on donne l'enseignement secondaire dans les établissements publics. Ici, comme à l'école primaire, règne une multiplicité de matières qui n'aboutit le plus souvent qu'à la confusion. On ne se renferme pas dans les limites du programme; on veut le rendre moins austère en enseignant aux élèves des choses agréables, il est vrai, mais fort peu utiles. C'est ainsi que la danse, la musique, le dessin d'imitation ravissent aux études classiques un temps trop considérable. On peut voir le résultat d'un tel abus aux examens du baccalauréat. Dirait-on, en y assistant, que certains candidats ont consacré neuf ans de leur existence à apprendre si mal deux choses, le latin et le grec?

Placée entre deux genres d'études dont l'un lui laisse entrevoir peu de travail avec beaucoup d'agréments, et l'autre tout le contraire, le choix de l'enfance ne saurait être douteux. Naturellement paresseuse, frivole, fort peu soucieuse de l'influence que sa conduite présente peut exercer sur son avenir, elle délaissera les études nécessaires pour s'adonner à celles qui ne le sont pas, et elle n'aura recueilli à la fin de ses classes qu'une dangereuse demi-science, beaucoup de légèreté, de vanité et de présomption. Espérons que le ministre actuel de l'instruction publique, qui est avant tout un homme pratique, mettra fin à cet état de choses, en rompant sans pitié avec un système bâtard qui n'a guère produit jusque-là de résultats sérieux.

Pour ce qui concerne les professeurs, qu'on est convenu d'appeler la misère en habit noir, j'émettrai le même vœu que pour les instituteurs :

qu'on les paye. Placés ordinairement dans les villes, obligés par le milieu qu'ils fréquentent et la position qu'ils occupent à un certain décorum qui ne serait pas indispensable ailleurs ; ils sont peut-être plus que tous les autres fonctionnaires aux prises avec de grandes difficultés matérielles, et il leur faut des prodiges d'ordre et d'économie pour joindre sans encombre les deux bouts de l'année. Pourtant ils sont dignes d'un meilleur sort. Leur fonction n'est pas brillante, en apparence, mais regardons-y de près et nous conviendrons que ces hommes modestes qui tiennent, pour ainsi dire, dans leurs mains la science des jeunes générations, sont, en réalité, les dépositaires de la ruine ou de la grandeur de la patrie.

Mais je ne m'étendrai pas davantage sur ce sujet, car j'espère que le besoin de réformes qui se fait sentir partout s'étendra aussi à l'instruction publique. Là est le remède aux maux qui ont accablé la France dans les épreuves qu'elle vient de traverser.

X

Il me semble qu'on tire chez nous un mauvais parti de l'instruction, et pourtant c'est par elle que nous pouvons nous relever parmi les nations et peut-être les éclipser toutes. Combien de génies ignorés, que leur condition obscure ou précaire condamne à un éternel oubli, et qui, s'ils étaient secondés dès leur naissance, se développeraient et rendraient plus tard au pays d'inappréciables services ! Mais hélas ! munis d'une instruction insuffisante, ils végètent toute leur vie dans les basfonds où le sort les a jetés, ou bien, s'ils cherchent à dompter les difficultés pour atteindre le but auquel ils se sentent destinés, mille obstacles leur barrent le passage ; ils s'épuisent en vains efforts. Dans toutes les positions où ils veulent se placer, c'est tout au plus si, malgré leurs mérites réels, il leur est permis de franchir les grades inférieurs, pendant que d'autres, favorisés par la naissance et la fortune, incapables souvent de justifier de connaissances suffisantes, sont du premier coup appelés à occuper les emplois supérieurs.

Voilà la réalité, triste, désolante, mais incontestable, qui demande un remède immédiat et radical. Ces génies ignorés qui sont appelés à relever la France, il faut les mettre en lumière, leur procurer les moyens de s'épanouir. Partout au fond des hameaux les plus obscurs comme au sein des cités les plus populeuses, des milliers d'instituteurs distribuent l'instruction primaire à des enfants vingt fois plus nombreux que ceux qui reçoivent l'enseignement secondaire et qui sont destinés, par l'obtention du grade de baccalauréat à occuper sans effort les divers emplois administratifs refusés à ceux qui n'ont pu jouir du bénéfice de cette instruction secondaire. Ce qui revient à dire que la vingtième partie des citoyens, grâce à la fortune dont ils disposent, sont seuls appelés à envahir tous les emplois publics, et que la France est, de fait, privée du concours des dix-neuf autres vingtièmes de sa population, qui ne peuvent pas faire donner à leurs enfants une instruction plus élevée que celle qu'ils reçoivent dans leurs hameaux.

Il y a là une lacune réelle que nous devons combler, et sans retard. Qui sait s'il ne se trouve pas au fond des campagnes, dans nos écoles primaires, des Corneille, des Racine, des Bossuet, des Pascal, des Poussin, des Turenne, etc? Il faut les y dépister et leur aplanir les difficultés pour en faire des grands hommes.

Certes, mon intention n'est pas de faire éclore autant de bacheliers qu'il y a d'élèves dans une école primaire ; la plus grande partie de cette population doit être destinée comme par le passé aux besoins de l'agriculture, du commerce et de l'industrie : ce que je demande, c'est que, par exemple, sur mille enfants qui reçoivent l'instruction primaire on en choisisse un, *un seul*, celui qui aura été reconnu le plus intelligent de tous, et qu'on le mette dans un établissement exclusivement composé d'élèves ainsi recrutés de tous les points de la France. Ces enfants seront pauvres, en général, et ne pourront pas pourvoir aux frais de leur instruction et de leur entretien ; eh bien ! l'Etat et le département payeront pour eux.

On m'objectera que la création de pareils établissements sur différents points du territoire serait un lourd fardeau pour les budgets de l'Etat et des communes. Admettons qu'ils coûteraient annuellement trois millions ; ne pourrait-on prélever cette somme sur celles que l'on destinait jadis avec tant de facilité à un décorum, à un étalage dont l'utilité était bien moins reconnue? L'utile, d'abord ; l'agréable, après. Au reste croit-on, que l'argent ainsi dépensé serait perdu ? Ces jeunes gens intelligents, la quintessence de la nation, deviendraient un jour de grands écrivains, de grands généraux, de grands hommes de science ; ils honoreraient la France et la sauveraient au jour du danger. Enfants du peuple, la plupart du temps pauvres, ils comprendraient l'obligation du travail, et, grâce au double sentiment de leur reconnaissance envers le pays, qui leur aurait facilité les moyens de s'instruire, et de la nécessité où ils se verraient plus tard, de ne compter que sur eux-mêmes, vous les verriez produire de grandes œuvres et servir forcément la patrie. Alors grandiraient les arts, les sciences et les lettres. S'il est vrai de dire avec Boileau que

« Un Auguste aisément peut faire des Virgile ; »

si l'influence d'un roi, comme Louis XIV, a pu tirer de l'obscurité des génies créateurs et illustrer tout un siècle, à plus forte raison d'autres génies se révèleront-ils quand toute une nation travaillera à les chercher et à récompenser leurs efforts. Si l'organisation actuelle ne peut nous donner qu'un grand homme, adoptons la réforme que je propose, et nous en ferons naître vingt. C'est un calcul irréfutable. Du reste, nous ne pourrions choisir un meilleur moment pour en faire l'application : l'égalité, qui est inscrite dans nos codes, commence à s'insinuer dans nos mœurs ; les distinctions de castes s'affaiblissent ; et, dans notre siècle, le fils du bourgeois ou du paysan aisé, reçoit avec celui du noble dans les mêmes établissements la même instruction, qui peut le conduire au même but. Autrefois la science était l'apanage d'un petit nombre ; le pauvre et le roturier en étaient privés ; mais aujourd'hui que, grâce à Dieu, on reconnaît que les droits de la naissance et de la fortune sont secondaires, que tous les hommes jouissent des mêmes priviléges, que la noblesse intellectuelle qu'on tire de soi-même, de son propre mérite, n'est pas plus à dédaigner que celle du sang, il est temps de rendre à chacun la justice qui lui est due ; il faut que dans l'intérêt général le riche aide de son influence et de ses deniers le pauvre intelligent, condamné par sa misère à une obscurité éternelle. Il y va de la grandeur de la France.

Il ne faut plus que la faveur, qui souvent n'est que le voile de l'incapacité, se glisse partout chez nous et y accapare les premières places. La faveur n'aboutit qu'à la ruine des empires. Arrière les considérations personnelles ! Arrière le favoritisme ! Arrière ces hommes nuls qui ont

besoin de protections et de bassesses pour arriver aux emplois publics !
Que le pays prenne désormais pour devise : « A chacun selon ses œuvres. » Ces fonctions dont on investit un homme incapable parce qu'il est riche, qu'il a de puissantes protections, ou qu'il porte un beau nom, on en frustre l'homme intelligent qui n'a aucune de ces recommandations, et l'on étouffe ainsi le mérite en paralysant ses efforts ; car, quand il rencontre des obstacles qu'il ne peut vaincre, il se décourage, s'étiole et s'éteint.

Il est donc urgent de rompre avec des abus qui pourraient renouveler chez nous les plus grands désastres. Plus que jamais nous avons besoin d'hommes spéciaux. Donnons aux finances des financiers, à l'administration des administrateurs. Les courtisans ont été créés pour faire leur cour, non pour diriger les affaires d'un pays et être mis à la tête des armées. Ils sont destinés à briller dans un salon, non à coucher sous la tente du soldat et à supporter les fatigues de la guerre. Bon courtisan, mauvais général ; bon général, mauvais courtisan. Quand les généraux de la Révolution et du premier Empire se montraient dans les salons dans l'intervalle de deux guerres, ils y apportaient des manières rudes ou gauches, qui faisaient naître des sourires sur les lèvres des dames ; mais, en revanche, sur les champs de bataille c'étaient des lions et ils nous remportaient des victoires. Ah ! il est bien utile à un général d'être façonné à l'étiquette des cours quand il conduit au combat des milliers de soldats, dont l'existence est entre ses mains ! Oui, il faut partout des hommes spéciaux ; et l'on peut non-seulement les trouver, mais encore les créer.

Ces considérations générales exposées, je vais indiquer comment on pourrait réaliser cette réforme qui aurait un si grand avantage pour le pays. Chaque instituteur devrait adresser annuellement à son inspecteur le nom de celui de ses élèves qu'il aurait remarqué comme le plus intelligent, en indiquant son âge, l'époque depuis laquelle il fréquente son école, la partie pour laquelle il lui reconnaît le plus d'aptitude, etc. L'inspecteur primaire, à son tour, convoquerait au chef-lieu d'arrondissement les enfants qui lui auraient été signalés, les soumettrait à un examen écrit et à un examen oral, et constaterait lequel de tous lui aurait paru le plus intelligent et le plus digne de provoquer en sa faveur la bienveillance de la nation. Tous les enfants ainsi recrutés seraient placés ensemble dans un ou plusieurs établissements *spéciaux*, où ils feraient leurs classes latines, et d'où ils pourraient sortir avec le diplôme de bachelier. Ils seraient instruits *gratuitement*, aux frais de l'Etat et du département, ou paieraient le quart de leur pension, si leurs parents étaient en position de le faire ; puis, après avoir conquis leurs grades, ils pourraient être admis, toujours gratuitement, aux grandes écoles, pour y suivre l'enseignement supérieur.

Dans ces établissements spéciaux d'instruction secondaire, où seraient placés exclusivement les jeunes enfants, choisis comme je l'ai dit plus haut, on ne serait pas astreint à se conformer strictement au programme suivi dans les lycées et les colléges ; en outre, comme on aurait entre les mains des élèves d'*élite*, on pourrait limiter à six ou sept ans au lieu de neuf la durée de leurs études. Dans les établissements publics où l'on doit distribuer l'instruction indistinctement aux élèves intelligents et à ceux qui ne le sont pas, on est obligé de prendre un juste milieu, en ralentissant la marche des premiers et en pressant celle des derniers. Là, au contraire, tous les enfants étant bien préparés, il n'y aurait pas lieu de s'en tenir au programme ordinaire, rédigé dans un autre but, et pour un autre milieu.

Enfin des professeurs éminents, largement rétribués par l'Etat, se dévoueraient à cette œuvre patriotique, s'étudieraient à découvrir les aptitudes particulières des élèves confiés à leurs soins, et les verseraient dans l'étude des sciences ou des lettres, selon qu'un examen approfondi les leur aurait fait juger aptes à l'une ou à l'autre de ces matières. L'Etat créerait ainsi une pépinière féconde de savants, d'écrivains, qui plus tard l'indemniseraient largement des légers sacrifices qu'il se serait imposés en leur faveur. J'ajouterai qu'il aurait fait ainsi un acte de justice et de raison, car il n'est pas plus juste que raisonnable de ne favoriser qu'un petit nombre et de se priver des dix-neuf vingtièmes de ses ressources. Bien plus, ce serait un crime de se montrer négligent ou indifférent au moment où la France, abaissée par l'incapacité, a besoin pour se relever du concours intelligent de tous ses enfants.

Nous nous flattons d'être la nation la plus civilisée de l'Europe, mais, comme je l'ai déjà exposé, nous nous arrêtons aux dehors, qui trop souvent ne voilent chez nous que misère et ignorance. Jetons les yeux sur l'Allemagne, et reconnaissons qu'elle nous est de beaucoup supérieure du côté de l'esprit. L'instruction publique y est distribuée dans des proportions bien plus considérables que chez nous. En Allemagne, comme le constatent les documents officiels, c'est à peine si l'on trouve trois centièmes de la population illettrés; en France, il y en a peut-être plus d'un tiers.

Pourtant nous sommes mieux à portée qu'aucun peuple d'élever chez nous le niveau de l'instruction. Dans presque tous les Etats de la vieille Europe, où la féodalité conserve encore de profondes racines, l'instruction supérieure n'est donnée qu'à un petit nombre de citoyens qui peuvent l'acquérir grâce à leur naissance ou à leur fortune : en France, au contraire, où les distinctions de castes ont reçu à diverses reprises de si rudes atteintes, où dans l'état actuel des choses le plus petit et le plus grand ont droit d'arriver aux mêmes emplois, il n'est besoin que d'un peu d'initiative pour obtenir de brillants résultats. Nous avons sous la main des trésors; il ne s'agit que de les faire valoir.

Imitons les Etats-Unis d'Amérique, peuple né d'hier, mais qui par son activité a réussi en moins d'un siècle à se placer au niveau, peut-être au-dessus des plus grandes nations du monde. Ses plus illustres citoyens, ceux qui ont le plus contribué à sa grandeur, sont presque tous issus du suffrage universel : le président Lincoln avait été bûcheron, et Jonhson cordonnier. Ne repoussons donc pas le génie qui part du bas de l'échelle sociale; au contraire, aidons-le à se produire et à s'élever. Soyons convaincus que dans la classe des citoyens inconnus, pauvres et laborieux, il y a des hommes qui n'attendent qu'un signal, qu'une occasion pour resplendir à la lumière. Le diamant ne s'étale pas pompeusement aux regards de tous, il faut aller le chercher dans les entrailles de la terre, où il se cache.

## XI

Un dernier mot en terminant. Notre pays vient de traverser l'une des phases les plus douloureuses de son histoire. Parmi les soldats qui se sont levés pour le défendre, les uns ont succombé sur le champ de bataille, laissant dans la détresse un père, une mère, une épouse, des enfants, qui tenaient d'eux leur subsistance de chaque jour; d'autres ont survécu, mais, mutilés, couverts de blessures, vont se trouver dans l'impuissance de travailler pour gagner leur vie. L'Etat allègera sans doute bien des souffrances, mais cela ne pourra suffire; il faut que l'initiative individuelle s'associe à la sienne.

Que nos bourses se délient donc, que notre superflu, qu'une partie même de notre nécessaire soit versée dans les mains de ces pauvres familles privées d'un de leurs membres, ou ruinées par l'invasion, de ces héroïques soldats blessés qui ont affronté toutes sortes de dangers pour sauvegarder nos personnes et nos biens. Du reste ce sera justice. Nous ne ferons ainsi qu'un sacrifice d'argent qui sera encore bien au-dessous de celui de nos malheureux frères.

Assurément, quelque grande que puisse être notre générosité, nous ne parviendrons pas à fermer toutes les blessures, mais du moins nous en diminuerons la gravité. Jamais aumône aura-t-elle eu un plus noble but? Jamais les misères soulagées auront-elles été plus profondes? Que le riche donne beaucoup; que l'indigent offre aussi son obole.

Ce n'est pas tout. Une partie de nos concitoyens gémissent encore sous le joug de l'envahisseur, abreuvés d'outrages, ruinés par les exigences brutales des soldats Allemands, et forcés de tout endurer sans se plaindre. Donnons-leur le morceau de pain qu'ils ne peuvent plus acheter de leurs deniers, grâce à la rapacité de ces usuriers galonnés, qui achèvent pendant la paix ce qu'ils avaient commencé pendant la guerre; et soyons certains que quand se lèvera le jour si vivement attendu de la *revanche,* ils ne seront pas les derniers à prendre place dans les rangs des vengeurs de la patrie. Car il viendra, ce jour de vengeance, et nous espérons que cette fois, du moins, on ne nous livrera plus pieds et poings liés à la Prusse, comme l'a fait cet inepte gouvernement impérial qui s'est étouffé dans la boue de Sédan, et qui sera toujours maudit par quiconque sent battre dans sa poitrine un vrai cœur français.

## XII

Après avoir énuméré les causes matérielles de nos désastres, qu'il me soit permis d'en chercher ailleurs la source première, de les considérer comme un châtiment que Dieu nous a infligé à cause de nos vices et de notre abandon du sentiment religieux ; car il ne faut pas nous le dissimuler, l'idée religieuse s'affaiblit de jour en jour et tend à disparaître parmi nous. Serait-ce que nous serions déjà incrédules, impies, athées? Je ne le crois pas. Notre irréligion vient plutôt de l'indifférence que du défaut absolu de conviction. Nous ne haïssons pas Dieu ; mais comme chacun a ses affaires auxquelles il croit devoir consacrer ses premiers soins, et qu'on suppose l'Être suprême parfaitement insoucieux des choses de ce monde, on le relègue dans la sphère céleste d'où l'on se figure qu'il ne doit pas sortir; on ne s'occupe pas de lui. Mal d'autant plus regrettable qu'il est presque général. Catholiques, protestants, juifs, tous sont indifférents. Cependant la religion, même au point de vue purement humain, est nécessaire, indispensable. Il faut à l'homme, que sa nature porte au mal, un frein pour arrêter l'essor de ses passions mauvaises, une main pour soutenir sa bonne volonté, quand, embarrassé par les mille entraves de la vie, il vient à défaillir et à se décourager; il lui faut, en un mot, des vérités à croire, des récompenses à espérer, des châtiments à redouter. Une société sans Dieu est une monstruosité; que dis-je? une impossibilité. Qui donc empêchera mon voisin de me voler ma bourse, s'il en trouve l'occasion favorable, ou de m'étrangler au coin d'un bois, s'il est mon ennemi juré? Un sentiment d'honnêteté naturelle? En vérité, c'est là une bien faible digue à opposer à l'impétuosité des passions humaines. La crainte de la loi? Eh ! ne trouve-t-on pas toujours cent moyens de l'éluder? Je me croirais plus en sûreté chez un peuple religieux, privé de lois humaines, qu'au milieu d'une société impie où les fautes les plus faibles seraient punies des châtiments les plus sévères. « Je crains Dieu, disait une personne d'un grand sens, et, après Dieu, je ne crains que celui qui ne le craint pas. »

J'ajouterai que l'irréligion est le dissolvant le plus actif de cette bravoure proverbiale qui a fait la gloire de la France pendant une longue suite de siècles. Un soldat qui ne croit à rien, qui ne voit rien au-delà de cette existence terrestre, ne doit aller qu'à contre-cœur sur un champ de bataille, et s'il ne déserte pas en présence de l'ennemi, ce n'est que par crainte du châtiment et de la honte réservés aux lâches. Ce qu'on ne fait pas avec conviction, on le fait mal. Ouvrons l'histoire, et à chaque page nous y lirons que, presque toujours, l'enthousiasme guerrier a pris sa source dans un vif sentiment religieux, ou dans l'amour profond de la patrie, qui en est comme la conséquence naturelle. Il n'y a que la religion qui peut persuader à un homme de se dépouiller de ce moi qui lui est si cher et de verser son sang pour le sol sacré de la patrie. Dans quelle philosophie humaine, en effet, puiserait-il des raisons assez fortes pour le décider à s'immoler ainsi, sans profit apparent, à faire le sacrifice de son existence, c'est-à-dire de tout ce qu'il a de plus cher ici-bas?

Redevenons donc religieux; et quand se lèvera le jour de la *revanche nationale,* que tout bon Français désire, nous volerons avec plus d'ardeur au champ de bataille, ct nous serons plus sûrs d'y remporter la victoire.

# APPENDICE

—

## L'OUBLI DE DIEU

On nous communique la pièce suivante, qui, bien que déjà vieille
de plusieurs mois, ne nous paraît avoir rien perdu de son intérêt et
de son actualité. Elle explique en effet, pour une part au moins, la
façon dont nos malheureux compatriotes ont été accueillis en Suisse
et elle n'explique pas moins le pressant besoin qu'ils avaient d'un tel
accueil. Nous avons indiqué déjà *bien des causes de nos malheurs*, et
nous n'en avons pas épuisé la liste. Mais la principale n'est-elle pas le
manque de sérieux, et la principale cause de ce manque de sérieux,
n'est-elle pas, au fond, la faiblesse et l'insuffisance du sentiment religieux ?

### AUX MILITAIRES FRANÇAIS INTERNÉS EN SUISSE.

« Mes chers compatriotes,

« Français de naissance et de cœur, demeurant à Zurich depuis
« quelques années, c'est avec anxiété et l'âme déchirée, que j'ai suivi
« les terribles événements qui ne cessent de frapper notre malheureuse
« patrie. Ne pouvant, à cause de mon âge avancé, prendre les armes
« pour sa défense, j'aurais voulu lui offrir du moins quelques fruits de
« ma longue expérience; mais, au milieu du tumulte des combats,
« comment ma faible voix aurait-elle pu se faire entendre?... Tandis
« que, dans mon âme, je souffrais de ne pouvoir servir mon pays au
« moins par une parole sincère et dévouée, j'apprends que toute une

« armée des braves, mais malheureux défenseurs de la France, est
« entrée en Suisse, et que sur cette terre libre elle va trouver une
« généreuse hospitalité et un soulagement à ses souffrances. Permettez-
« moi donc, mes frères, mes chers compatriotes, de vous saluer sur le
« sol de la Suisse, de vous exprimer mon amour fraternel par quelques
« paroles de consolation et d'espoir, et de remplir par là un impérieux
« devoir de conscience.

« Au milieu des malheurs de la France et des dangers qui la me-
« nacent encore, le plus grand de tous, c'est celui des illusions ; le
« premier et le plus pressant besoin, c'est de voir la vérité telle qu'elle
« est en réalité.

« La pire des illusions consiste à n'attribuer ce qui est arrivé et ce
« qui pourrait arriver encore, qu'aux hommes et aux circonstances ex-
« térieures, et à ne pas y voir la main de Dieu, sans la volonté ou la
« permission de qui rien n'arrive dans le monde. Il faut reconnaître
« que les malheurs inouïs qui frappent la France sont la punition de
« Dieu et l'expiation du passé, que les ennemis de la France ne sont
« que des instruments de cette punition, et que l'empire et son régime
« corrupteur, l'invasion étrangère et l'impuissance où nous sommes de
« la repousser, n'en sont que des conséquences ; il faut reconnaître de
« plus ce dont Dieu nous punit, et ce qui peut amener la fin de la pu-
« nition.

« La cause radicale du mal en France, c'est l'oubli complet de Dieu ;
« nulle part plus qu'en France le sentiment, la notion même de Dieu
« n'est effacée ou pervertie. A côté de l'impiété déclarée, qui repousse
« Dieu et toute religion, et qui, au nom de la liberté et de la civilisation,
« entraîne à la licence, à l'anarchie, à la dissolution de tout ordre
« social ; à côté de cette impiété, règne la fausse piété qui, se cou-
« vrant du formalisme religieux, et dénaturant l'esprit du christianisme,
« arrête le progrès véritable, et au nom de la religion et de l'ordre,
« appuie le despotisme clérical et politique. — De cette racine empoi-
« sonnée sont sorties toutes les branches du mal : l'égoïsme, la re-
« cherche exclusive du bien-être matériel, l'amour effréné des jouis-
« sances, le mépris de tout devoir, et finalement la démoralisation
« qui, en abaissant les caractères et les consciences, a gangrené tous
« les membres du corps social. A part quelques âmes d'élite, dans les-
« quelles une étincelle du vrai christianisme a commencé à renaître au

« milieu des souffrances, âmes isolées et sans appui, voilà ce qu'est
« devenue la nation très-chrétienne, la nation appelée par la volonté
« de Dieu à marcher en tête de toutes les autres dans la voix du progrès
« véritable !...

« Ce mal qui dévore la France, — tous sans exception, reconnaissons-
« le, — nous en portons en nous-mêmes une partie plus ou moins
« grande : cet ennemi intérieur, le plus dangereux de tous qui a tant
« contribué aux succès de l'ennemi extérieur, restera en France, même
« après la paix. C'est contre ce mal, source de tous les maux, qu'il
« faut résolument ouvrir la campagne ; l'âme de chaque Français doit
« être le champ de bataille, et celui qui, franchement, sans se mé-
« nager, y combattra ce mal et aidera ses frères dans ce même combat,
« celui-là aura bien mérité de Dieu et de la patrie. C'est par ce combat
« que la France se purifiera, et que s'approchera la fin de l'expiation ;
« et l'arme pour ce combat, c'est la piété vraie et active, c'est-à-dire
« l'esprit tourné vers Dieu, l'amour de tout bien, de toute vérité,
« l'horreur de tout mal, de tout ce qui est faux, et le sacrifice pour
« défendre partout le bien et combattre le mal.

« Dieu veut que la France cesse de s'appuyer sur les hommes et
« d'idolâtrer les hommes ; Dieu veut être reconnu comme le seul Maître
« souverain et infaillible ; Dieu veut que son règne vienne, que sa vo-
« lonté soit faite sur la terre comme au ciel. Sous cette souveraineté
« suprême, immuable et éternelle, se constituera la France régénérée,
« où régneront en réalité, quelle que soit la forme du gouvernement, la
« liberté, l'égalité et la fraternité, et alors la France marchera dans la
« voie de sa grande et glorieuse mission !

« Les limites de cette lettre ne me permettent pas d'entrer dans plus
« de détails ; mais ayant consacré de longues années à préparer les
« moyens de servir ma patrie, j'ose espérer que ceux d'entre vous, mes
« chers compatriotes, qui s'uniront aux vérités exposées dans cette
« lettre, me trouveront toujours prêt à travailler avec eux pour le
« bonheur de la France.

« Zurich, le 8 février 1871.

« Votre dévoué compatriote et serviteur,

« J. MALVESIN. »

www.ingramcontent.com/pod-product-compliance
Lightning Source LLC
Chambersburg PA
CBHW051743050726